Karl Barth

FÜNFZIG GEBETE

**T V Z**

Karl Barth

FÜNFZIG GEBETE

Theologischer Verlag Zürich

Die Deutsche Bibliothek – Bibliographische Einheitsaufnahme
Die Deutsche Bibliothek verzeichnet diese Publikation in der Deutschen
Nationalbibliographie; detaillierte bibliographische Daten sind im
Internet über http://dnb.ddb.de abrufbar.

1.– 5. Auflage im Chr. Kaiser Verlag München
6. Auflage 1985
7. Auflage 2005
8. Auflage 2018
9. Auflage 2019

© 1963 Chr. Kaiser Verlag München
© 1985 Theologischer Verlag Zürich

ISBN 978-3-290-11566-1

Alle Rechte, auch die des auszugsweisen Nachdruckes,
der fotografischen und audiovisuellen Wiedergabe, der elektronischen
Erfassung sowie der Übersetzung, bleiben vorbehalten.

Für die Gestaltung des Buchumschlags wurde eine Zeichnung
Hans-Jakob Barths (1925 – 1984), des jüngsten Sohnes von Karl Barth,
verwendet (ohne Titel, Tusche auf Papier, 1949, im Privatbesitz).

Buchgestaltung: Mario Moths
Druck: Rosch-Buch Scheßlitz

www.tvz-verlag.ch

# INHALTSVERZEICHNIS

| | |
|---|---:|
| Vorwort | 7 |
| Du weißt, wer wir sind | 11 |
| Dein Geschenk zu empfangen – Advent | 13 |
| Hoffnung für die ganze Welt – Weihnacht | 16 |
| Jahresschluß | 22 |
| Wecke uns auf – Epiphanias | 26 |
| Passion | 28 |
| Karfreitag | 30 |
| Du bist das Leben – Ostern | 32 |
| Zu glauben, zu lieben und zu hoffen – Himmelfahrt | 36 |
| Gib uns deinen Geist – Pfingstfest | 38 |
| Dein Volk, deine Gemeinde – Trinitatis | 40 |
| Laß es Tag werden | 45 |
| Dein gütiges und strenges Wort | 47 |
| In unserer Arbeit | 49 |
| Unterweise uns | 51 |
| Weil du es bist | 53 |
| Abends | 55 |
| An einem Grabe | 57 |
| Bei dir ist die Fülle | 59 |

Diese Gebete sind bis auf einige bisher ungedruckte dem Band *Karl Barth, Predigten 1954–1967 (3. Auflage Zürich 2003)* entnommen.

In diesem Band sind die Predigten und Gebete Karl Barths vereinigt, die früher in den jetzt vergriffenen Predigtbänden «Fürchte dich nicht» und «Den Gefangenen Befreiung» enthalten waren.

# VORWORT

Daß unter meinem Namen noch einmal ein Gebetbüchlein erscheinen werde, hätte ich mir in den früheren Jahrzehnten meines Lebens gewiß nicht träumen lassen. Ich hatte nämlich schon in meiner Jugend eine Abneigung gegen alle kultische Feierlichkeit. Und von mir ist noch vor wenig Jahren von dem bekannten, mir sehr sympathischen Führer der Alpirsbacher Bewegung gesagt worden, daß ich von Liturgie gar nichts verstehe. Vor den »Altären« der deutschen Kirchen wußte ich mich denn in der Tat, wenn ich dort zu predigen hatte, immer nur ungeschickt zu bewegen. In alten Bonner Tagen habe ich mich einmal in entschlossener Eigenmächtigkeit hinter, statt vor den »Altar« gestellt, durfte das aber kein zweites Mal tun. (Nun ja: heute wird ja sogar die römische Messe nicht selten von dort aus zelebriert!) Aus anderen Gründen hat mich mein Freund Günther Dehn noch nach dem Krieg unter der Türe der dortigen Poppelsdorfer Kirche mit der strengen Zensur: »Predigt Note 1, Liturgie Note 5« entlassen müssen. Und so bin ich auch mit dem Inhalt dieses Büchleins gewissermaßen nur durch eine Hintertüre in die Gesellschaft der eigentlichen Liturgiker herein geraten.

Mir war schon seit längster Zeit nicht wohl zumute gewesen, wenn ich mich vor und nach meinen Predigten der Ordnung halber (oder auch einfach aus Bequemlichkeit?) an die da und dort üblichen Agendenbücher halten zu sollen oder zu dürfen meinte. Mich störte die sachliche Beziehungslosigkeit, aber auch das unorganische Verhältnis zwischen der (altertümlichen oder auch modernen) Fassung und Sprache dieser Gebete und der meiner

Predigt. Ich suchte mir dann eine Weile dadurch zu helfen, daß ich die Darbietungen der Agende – nicht etwa (das habe ich nie riskiert!) durch extemporierte Gebete, sondern durch freie Zusammenstellungen von biblischen Psalmworten ersetzte. Erst in vorgerückteren Jahren begann ich solche Texte zuerst für den Schluß, dann auch für den Anfang der Hauptaktion des Gottesdienstes im Zusammenhang mit der Vorbereitung meiner Predigt selber wörtlich festzulegen. Mit den Predigten zusammen sind sie dann einzeln und in den Sammlungen »Fürchte dich nicht!« und »Den Gefangenen Befreiung« veröffentlicht worden; und ich habe mich immer dagegen gewehrt, daß die Predigten ohne die zu ihnen gehörigen Gebete nachgedruckt würden. Die Erwägungen, die mich dabei leiteten, waren, kurz gesagt, diese: Der Gottesdienst als Zentrum des ganzen Lebens der Gemeinde hat sich seinerseits als ein Ganzes, und zwar als ein Ganzes der Anrufung des gnädigen Gottes darzustellen. Er beginnt nach der Begrüßung der Gemeinde als des Volkes dieses Gottes mit ihrem (wie ich denke: nicht genug wichtig zu nehmenden und zu pflegenden) gemeinsamen Gesang. Er geht fort in der Aussprache ihres Dankes, ihrer Buße, ihrer besonderen Bitte um Gottes Gegenwart und Beistand in dem besonderen Tun ihrer gottesdienstlichen Versammlung durch den Mund des als Leiter der Aktion dienenden Gemeindegliedes. Er steigt auf zur Predigt, in der die Anrufung in Auslegung und Anwendung eines (besser kurzen als langen!) Schriftwortes zur Anrede und Verkündung wird. Er gestaltet sich von da aus absteigend zum Schlußgebet, in welchem die Aussage der Predigt (nun wieder in direkter Anrufung Gottes) straff zusammenzufassen ist, in welchem sich aber der Gottesdienst vor allem als möglichst ausgebreitete Fürbitte (wird sie nicht zu oft vernachlässigt?) nach außen, nach allen andern Menschen, nach der übrigen Kirche und Welt hin zu öffnen hat. Im zweiten gemeinsamen Gesang macht sich die Versammlung dieses Schlußgebet zu eigen. Sie wird mit der Erteilung des Segens durch das dienende Gemeindeglied: »Der Herr segne euch ... !« (nicht uns!) entlassen. (Auf denselben Linien würde sich, wenn es nach mir ginge, auch das Tauf- und das Abendmahlsformular zu bewegen haben.) Wobei die Würze in allen Stücken an aller geistlichen und theologischen Gesprächigkeit vorbei auch in der Kürze zu bestehen hat!

Die im Blick auf diesen Zusammenhang formulierten Gebete findet man in diesem Büchlein gesammelt. Die dem »Kirchenjahr« folgende Einteilung, in der sie hier erscheinen, und die beigegebenen Titel stammen nicht von mir; ich kann sie aber gerne gut heißen. Allzu zeitbedingte Elemente, besonders der Fürbitte (in der Kriegszeit ist da öfters der unsere Grenzen bewachenden schweizerischen Armee – es ist seinerzeit aber auch des eben gewählten Papstes Johannes XXIII. ausdrücklich gedacht worden) konnten hier in Wegfall kommen.

Daß meine zur Aufklärung der Sachlage vorhin skizzierte Auffassung vom Wesen und Gang des Gottesdienstes allgemeinen Beifall finden werde, kann ich nicht erwarten. Es mag aber sein – und das ist wohl die Meinung der Freunde, die sich um die Sammlung und Veröffentlichung dieser Gebete bemüht haben –, daß sie sich auch ohne die Voraussetzung meiner vielleicht allzu reformierten »liturgischen« Konzeption als dienlich erweisen können. Meine Vorstellung dabei ist nicht einfach die, daß sie von den Gemeinden bzw. von ihren Predigern so wie sie dastehen, übernommen werden sollten, wohl aber die, sie möchten von Dem und Jenem als Anregung zu einer energischen Besinnung darüber gelesen werden: ob er das Beten in und mit der zum Gottesdienst versammelten Gemeinde nicht ganz anders als heute üblich zum Gegenstand seiner eigenen besonders sorgfältigen Aufmerksamkeit und Arbeit machen sollte? Darüber hinaus können und mögen sie da und dort auch zu privatem Gebrauch willkommen sein.

*Basel, im Advent 1962* *Karl Barth*

# DU WEISST, WER WIR SIND

1| Herr, unser Gott! Du weißt, wer wir sind: Menschen mit gutem und Menschen mit schlechtem Gewissen – zufriedene und unzufriedene, sichere und unsichere Leute – Christen aus Überzeugung und Gewohnheitschristen – Gläubige und Halbgläubige und Ungläubige.

Und du weißt, wo wir herkommen: aus dem Kreis von Verwandten, Bekannten und Freunden oder aus großer Einsamkeit – aus ruhigem Wohlstand oder aus allerhand Verlegenheit und Bedrängnis – aus geordneten oder aus gespannten oder zerstörten Familienverhältnissen – aus dem engeren Kreis oder vom Rande der christlichen Gemeinde.

Nun aber stehen wir Alle vor dir: in aller Ungleichheit darin gleich: daß wir Alle vor dir und auch untereinander im Unrecht sind – daß wir Alle einmal sterben müssen – daß wir Alle ohne deine Gnade verloren wären – aber auch darin, daß deine Gnade uns allen verheißen und zugewendet ist in deinem lieben Sohn, unserem Herrn Jesus Christus.

Wir sind hier beieinander, um dich damit zu preisen, daß wir dich zu uns reden lassen. Daß dies geschehe in dieser Stunde, darum bitten wir dich im Namen deines Sohnes, unseres Herrn. Amen.

2| Lieber Vater im Himmel. Wir danken dir für das ewige, lebendige, rettende Wort, das du in Jesus zu uns Menschen gesagt hast und noch sagst. Erlaube es uns doch nicht, es flüchtig zu hören und zu faul zu sein, ihm zu gehorchen. Laß uns nicht fallen, sondern bleibe mit deinem Trost bei einem jeden von uns und mit deinem Frieden zwischen einem jeden von uns und seinen Mitmenschen. Laß es doch immer wieder ein wenig hell werden in unsern Herzen, in dieser Anstalt, daheim bei den Unsrigen, in dieser Stadt, in unserem Land, auf der ganzen Erde. Du kennst die Irrtümer und Bosheiten, die die heutige Lage wieder einmal von allen Seiten so dunkel und gefährlich machen. Laß doch einen frischen Wind hineinfahren, der wenigstens die dicksten Nebel in den Köpfen derer, die die Welt regieren, aber auch der Völker, die sich von ihnen regieren lassen und vor allem in den Köpfen der Leute, die die öffentliche Meinung machen, zu zerstreuen vermöchte. Und erbarme dich aller am Leib und in der Seele Kranken, der vielen, die am Leben leiden, die durch eigene und fremde Schuld verirrt und verwirrt sind und derer besonders, die dabei keine menschlichen Freunde und Helfer haben. Zeige auch unserer Jugend, was echte Freiheit und rechte Freude ist, und laß die Alten, die Sterbenden nicht ohne die Hoffnung der Auferstehung und des ewigen Lebens. Aber du bist ja der Erste, dem unsere Nöte am Herzen liegen, und bist der Einzige, der sie wenden kann. So können und wollen wir unsere Augen nur eben zu dir erheben: Unsere Hilfe kommt von dir, der Himmel und Erde geschaffen hat. Amen.

# DEIN GESCHENK ZU EMPFANGEN
ADVENT

1 | Herr, nun lässest du uns auch dies Jahr dem Licht, der Feier und der Freude des Weihnachtstages entgegengehen, der uns das Größte, was es gibt, vor Augen stellt: Deine Liebe, mit der du die Welt so geliebt hast, daß du deinen einzigen Sohn dahingabst, damit wir Alle an ihn glauben und also nicht verlorengehen, sondern das ewige Leben haben möchten.

Was werden wir dir schon zu bringen und zu schenken haben? So viel Dunkel in unseren menschlichen Verhältnissen und in unserem eigenen Innern! So viel verwirrte Gedanken, so viel Kälte und Trotz, so viel Leichtsinn und Haß! So viel, an dem du dich nicht freuen kannst, was uns auch voneinander trennt und was uns bestimmt nicht weiterhilft! So viel, was der Botschaft der Weihnacht schnurstracks zuwiderläuft!

Was sollst du mit solchen Geschenken anfangen? Und was mit solchen Leuten, wie wir Alle es sind? Aber gerade das Alles willst du ja zur Weihnacht von uns haben und uns abnehmen – den ganzen Kram und uns selber, wie wir sind, um uns dafür Jesus, unseren Heiland, zu schenken und in ihm einen neuen Himmel und eine neue Erde, neue Herzen und ein neues Begehren, neue Klarheit und eine neue Hoffnung für uns und alle Menschen.

Sei du selber unter uns, wenn wir uns nun an diesem letzten Sonntag vor dem Fest noch einmal gemeinsam darauf rüsten wollen, ihn als dein Geschenk zu empfangen! Schaffe du es, daß hier recht geredet, gehört und gebetet werde: in der rechten dankbaren Verwunderung über das, was du mit uns Allen vorhast, über uns Alle schon beschlossen, für uns Alle schon getan hast! Amen.

2 | Herr, unser Gott und Vater, schenke du das Vielen, Allen und so auch uns, daß wir so Weihnachten feiern dürfen: indem wir ganz dankbar und ganz demütig und dann ganz fröhlich und zuversichtlich zu dem kommen, den du uns gesandt hast und in dem du selber zu uns gekommen bist. Räume du das Viele in uns aus, das, da die Stunde schlägt, unmöglich geworden ist, nicht mehr unsere Sache sein kann, von uns abfallen darf, muß und wird, indem dein lieber Sohn, unser Herr und Heiland, bei uns Einzug hält und Ordnung schafft.

Erbarme dich auch über alle die, die dich und dein Reich nicht oder noch nicht recht erkennen, die vielleicht auch einmal Alles gewußt und es dann wieder vergessen oder mißverstanden oder gar verleugnet haben! Erbarme du dich über die heute wieder so besonders geplagte und bedrohte, von so viel Unvernunft heimgesuchte Menschheit! Erhelle du die Gedanken derer, die im Osten und im Westen an der Macht sind und, wie es scheint, heute alle nicht recht ein noch aus wissen! Gib den Regierenden und Volksvertretern, den Richtern, Lehrern und Beamten, gib den Zeitungsschreibern in unserem Vaterland die Einsicht und die Nüchternheit, die sie für ihr verantwortungsvolles Tun nötig haben! Lege du selbst denen, die in dieser Weihnachtszeit zu predigen haben, die rechten, die nötigen, die hilfreichen Worte auf die Lippen und öffne dann auch die Ohren und Herzen derer, die sie hören! Tröste und ermutige die an Leib und Seele kranken Menschen in den Spitälern, auch die Gefangenen, auch alle Betrübten, Verlassenen und Verzweifelnden! Hilf ihnen mit dem, was ihnen und uns Allen allein wirklich helfen kann: mit der Klarheit deines Wortes, mit dem stillen Werk deines heiligen Geistes!

Wir danken dir, daß wir wissen dürfen: wir beten nicht umsonst und werden nie umsonst zu dir beten. Wir danken dir, daß du dein Licht hast aufgehen lassen, daß es scheint in der Finsternis und daß die Finsternis es nicht überwältigen wird. Wir danken dir, daß du unser Gott bist und daß wir dein Volk sein dürfen. Amen.

# HOFFNUNG FÜR DIE GANZE WELT
# WEIHNACHT

1 | Lieber himmlischer Vater! Weil wir hier beieinander sind, um uns dessen zu freuen, daß dein lieber Sohn für uns ein Mensch und unser Bruder geworden ist, so bitten wir dich von Herzen: Sag du selber es uns, wie große Gnade, Wohltat und Hilfe du uns Allen in ihm bereitet hast!

Tu du selber unsere Ohren und unseren Verstand auf, um es zu erfassen, daß bei ihm Vergebung aller unserer Sünden ist, Same und Kraft eines neuen Lebens, Trost und Mahnung zum Leben und zum Sterben, Hoffnung für die ganze Welt! Schaffe du selber in uns den guten Geist der Freiheit, deinem Sohn, der zu uns kommt, demütig und tapfer entgegenzugehen!

Das tue heute in der ganzen Christenheit und Welt: daß es Vielen gegeben werde, durch all das Äußerliche und Eitle dieser Festtage hindurchzubrechen und mit uns eine gute Weihnacht zu feiern. Amen.

2 | Herr unser Gott! Du bist groß, hoch und heilig über uns und allen Menschen. Und nun bist du gerade darin so groß, daß du uns nicht vergessen, nicht allein lassen und trotz allem, was gegen uns spricht, nicht verwerfen wolltest. Nun hast du uns in deinem lieben Sohn Jesus Christus, unserem Herrn, nicht weniger als dich selbst und alles, was dein ist, geschenkt. Wir danken dir, daß wir am Tisch deiner Gnade deine Gäste sein dürfen unser Leben lang und in Ewigkeit.

Wir breiten jetzt vor dir aus alles, was uns Mühe macht: unsere Fehler, Irrtümer und Übertreibungen, unsere Betrübnisse, unsere Sorgen, auch unsere Auflehnung und Bitterkeit – unser ganzes Herz, unser ganzes Leben, das du besser kennst als wir selber. Wir legen alles in die treuen Hände, die du in unserem Heiland nach uns ausgestreckt hast. Nimm uns wie wir sind, richte uns Schwache auf, mache uns Arme reich aus deiner Fülle!

Und so laß deine Freundlichkeit auch über den Unsrigen leuchten und über allen, die gefangen sind oder Not leiden oder krank oder am Sterben sind. Gib denen, die zu richten haben, den Geist der Gerechtigkeit, und denen, die in der Welt regieren, etwas von deiner Weisheit: daß sie auf den Frieden auf Erden sinnen möchten. Gib Klarheit und Mut denen, die hier oder in der Mission dein Wort zu verkündigen haben!

Und nun fassen wir alles zusammen, indem wir dich anrufen, wie der Heiland es uns erlaubt und geheißen hat: Unser Vater ... Amen.

3| Herr unser Gott! Du hast dich erniedrigt, um uns zu erhöhen. Du wurdest arm, damit wir reich würden. Du kamst zu uns, damit wir zu dir kämen. Du wurdest ein Mensch wie wir, um uns aufzunehmen in die Teilnahme an deinem ewigen Leben. Das Alles aus deiner freien, unverdienten Gnade. Das Alles in deinem lieben Sohn, unserem Herrn und Heiland Jesus Christus.

Wir sind hier versammelt, um angesichts dieses Geheimnisses und Wunders dich anzubeten, dich zu loben, dein Wort zu verkündigen und zu vernehmen. Wir wissen aber, daß wir zu solchem Tun keine Macht haben, es sei denn, daß du selbst uns frei machst, unsere Herzen und Gedanken zu dir zu erheben. So bitten wir dich: Tritt du jetzt in unsere Mitte! Zeige und öffne uns durch deinen Heiligen Geist den Weg zu dir, damit wir dein Licht, das in die Welt gekommen ist, mit eigenen Augen sehen, um dann auch in der Tat unseres Lebens deine Zeugen zu werden! Amen.

4| Lieber Vater durch Jesus Christus, unsern Herrn! Mach du gut, was wir Menschen nicht gut machen – auch diesen Gottesdienst in seiner ganzen Unvollkommenheit – auch die vielen weiteren Weihnachtsfeiern, denen wir nun mit Verstand und Unverstand entgegen gehen! Du kannst ja Wasser aus Felsen fließen lassen, Wasser in Wein verwandeln und dem Abraham aus diesen Steinen Kinder erwecken – Alles in der großen, unbegreiflichen Treue, die du deinem Volk geschworen und wieder und wieder gehalten hast. Wir danken dir, daß sie uns im Evangelium leuchtet und daß wir uns unter allen Umständen an sie halten dürfen. Erlaube es uns nicht, uns ihr gegenüber zu verhärten! Erwecke uns immer wieder aus dem Schlaf der Gleichgültigkeit und aus den bösen Träumen unserer frommen und unfrommen Leidenschaften und Begierden! Werde es nicht müde, uns immer wieder auf deine Wege zurückzuführen!

Wehre du dem Narrenwerk des kalten Krieges und der gegenseitigen Bedrohung, mit dem die Völkerwelt sich heute in so furchtbare Gefahr begibt. Gib du den Regierungen und denen, die für die öffentliche Meinung verantwortlich sind, die neue Weisheit, Geduld und Entschlossenheit, deren es heute bedürfte, um auf deiner guten Erde Allen ihr Recht zu verschaffen und zu erhalten! Wir bitten dich, daß, was in unserer Stadt, in unserer Kirche, in unserer Universität, in unseren Schulen gearbeitet wird, nicht ohne dein Licht und dann auch nicht ohne deinen Segen zum wahren Wohl der Menschen und zu deiner Ehre geschehen möge. Wir bitten dich vor allem für die Vielen, denen es schwer fallen muß, sich jetzt der Weihnacht zu freuen: für die bekannten und unbekannten Armen, für die in Einsamkeit Alternden, für die Kranken und die Geisteskranken, für die Gefangenen: daß es trotz Allem auch für sie ein wenig hell werde! Dir anbefehlen wir schließlich unsere Angehörigen in der Nähe und in der Ferne und dann uns alle: daß du deine Hand gnädig über unserem Lebenslauf und einst über unserem Ende halten mögest.

Herr, erbarme dich unser! Dein Name sei gelobt: jetzt und in Ewigkeit! Amen.

5| Herr unser Gott! Du wolltest nicht nur im Himmel, sondern auch bei uns auf Erden wohnen – nicht nur hoch und groß, sondern wie wir niedrig und klein sein – nicht nur herrschen, sondern uns dienen – nicht nur Gott sein in Ewigkeit, sondern für uns als Mensch geboren werden, leben und sterben.

In deinem lieben Sohn, unserem Heiland Jesus Christus, hast du uns nicht weniger als dich selber geschenkt, damit wir ganz und gar dir gehören sollten. Uns Alle geht das an, wo doch niemand von uns das verdient hat. Was bleibt uns übrig, als uns zu verwundern, uns zu freuen, dankbar zu sein, uns fest an das zu halten, was du an uns getan hast?

Wir bitten dich: Laß das in dieser Stunde wahr werden unter uns und in uns Allen! Laß uns in ehrlichem, offenem, willigem Beten und Singen, Reden und Hören eine rechte Weihnachtsgemeinde und in großem Hunger eine rechte Abendmahlsgemeinde werden! Amen.

6 | Herr unser Gott! Wenn wir Angst haben, dann laß uns nicht verzweifeln! Wenn wir enttäuscht sind, dann laß uns nicht bitter werden! Wenn wir gefallen sind, dann laß uns nicht liegen bleiben! Wenn es mit unserem Verstehen und mit unseren Kräften zu Ende ist, dann laß uns nicht umkommen! Nein, dann laß uns deine Nähe und deine Liebe spüren, die du ja gerade denen verheißen hast, deren Herz demütig und zerschlagen ist und die sich fürchten vor deinem Wort. Zu allen Menschen ist ja dein lieber Sohn gekommen als zu solchen, die so dran sind. Eben weil wir Alle so dran sind, ist er im Stall geboren und am Kreuz gestorben. Herr, erwecke uns Alle und halte uns Alle wach zu dieser Erkenntnis und zu diesem Bekenntnis!

Und nun denken wir an alle Finsternis und Leiden dieser unserer Zeit – an die vielen Irrtümer und Mißverständnisse, mit denen wir Menschen uns plagen – an all das Harte, das so Viele trostlos tragen müssen – an all die großen Gefahren, von denen die Welt bedroht ist, ohne Rat zu wissen, wie sie ihnen begegnen soll. Wir denken an die Kranken und Geisteskranken, an die Armen, die Vertriebenen, Unterdrückten und Unrecht Leidenden, an die Kinder, die keine oder keine rechten Eltern haben. Und wir denken an Alle, die berufen sind, so weit zu helfen, als Menschen helfen können: an die Regierungsmänner unseres Landes und aller anderen Länder, an die Richter und Beamten, an die Lehrer und Erzieher, an die Menschen, die Bücher und Zeitungen zu schreiben haben, an die Ärzte und Schwestern in den Spitälern, an die Verkündiger deines Wortes in den verschiedenen Kirchen und Gemeinschaften in der Nähe und in der Ferne. Wir denken an sie Alle mit der Bitte, daß das Licht der Weihnacht ihnen und uns hell, viel heller als bisher leuchten möge, damit ihnen und uns geholfen werde. Das Alles im Namen des Heilandes, in welchem du uns schon erhört hast und wieder und wieder erhören willst. Amen.

# JAHRESSCHLUSS

1| Herr unser Gott! Unsere Jahre kommen und gehen. Und wir selbst leben und sterben. Du aber bist und bleibst. Deine Herrschaft und deine Treue, deine Gerechtigkeit und deine Barmherzigkeit haben keinen Anfang und kein Ende. Und so bist du der Ursprung und das Ziel auch unseres Lebens. So bist du der Richter unserer Gedanken, Worte und Taten.

Uns tut leid, daß wir auch heute nur bekennen können, dich bis auf diese Stunde so oft, immer aufs neue, vergessen, verleugnet, beleidigt zu haben. Uns erleuchtet und tröstet aber auch heute das Wort, durch das du uns zu erkennen gibst, daß du unser Vater bist, wir deine Kinder sind, weil dein lieber Sohn, Jesus Christus, für uns ein Mensch geworden, gestorben und auferstanden, unser Bruder ist.

Wir danken dir, daß wir diese frohe Botschaft jetzt, am letzten Sonntag des Jahres noch einmal verkündigen und hören dürfen. Mach du selbst uns frei dazu, das Richtige zu sagen und es auch richtig zu vernehmen, damit diese Stunde dir zur Ehre und uns Allen zum Frieden und zum Heil diene! Amen.

2| Herr, unser Vater! Du sagst uns heute wie gestern und wirst es morgen wie heute sagen: daß du uns je und je geliebt und darum zu dir gezogen hast aus lauter Güte. Wir hören dich, aber laß es doch geschehen, daß wir dich recht hören! Wir glauben dir, aber hilf doch unserem Unglauben! Wir möchten dir gehorchen, aber mach doch Schluß mit all dem viel zu Weichen und viel zu Harten in uns, damit wir dir wirklich und recht gehorchen! Wir vertrauen dir, aber verjage doch alle Gespenster aus unseren Herzen und Köpfen, damit wir dir ganz und fröhlich vertrauen! Wir fliehen zu dir, aber laß uns doch ernstlich zurücklassen, was dahinten bleiben muß, und laß uns in heiterer Zuversicht vorwärtsschauen und -gehen!

Hilf dazu Allen, die in diesem Hause sind – auch allen Verirrten, Betrübten, Verbitterten, Verzweifelnden in dieser Stadt und in der ganzen weiten Welt – auch allen Gefangenen – auch den Kranken in den Spitälern und Irrenhäusern – auch denen, die in der Politik das Wort führen und die Macht haben – auch den nach Brot und Recht und Freiheit rufenden und mit Vernunft oder Unvernunft dafür kämpfenden Völkern – auch den Lehrern und Erziehern und der ihnen anvertrauten Jugend – auch den Kirchen aller Art und Richtung: daß sie das reine Licht deines Wortes hüten und verbreiten möchten.

Wir sehen in der Nähe und in der Ferne so viel, was uns traurig und verzagt, wohl auch zornig oder gleichgültig machen möchte. Aber bei dir ist die Ordnung, der Friede, die Freiheit, die Freude in Vollkommenheit. Du warst unsere und der ganzen Welt Hoffnung im alten Jahr, du wirst es auch im neuen sein. Wir erheben unsere Herzen – nein, erhebe du unsere Herzen zu dir! Dir, der du der Vater, der Sohn und Heilige Geist bist, sei die Ehre: wie gestern, so heute, wie heute, so morgen und so in Ewigkeit. Amen.

3| Herr, du Gott des Himmels und der Erde! Da sind wir nun ein letztes Mal in diesem zu Ende gehenden Jahr, um miteinander zu hören, was du uns gesagt hast und immer wieder sagst – um dich miteinander zu loben, so gut und schlecht wir es verstehen und vermögen – um dich miteinander anzurufen, daß du uns gebest, was nur du uns geben kannst.

Wir brauchen Vergebung für das unendlich Viele, das wir auch in diesem Jahr verkehrt gemacht haben, und Licht in der großen Finsternis, die uns auch in diesen seinen letzten Stunden umgibt und erfüllt. Wir brauchen neuen Mut und neue Kraft, um von da aus, wo wir jetzt sind, weiter und endlich an das uns von dir gesteckte Ziel zu kommen. Wir brauchen viel mehr Glauben an deine Verheißungen, viel mehr Hoffnung auf dein gnädiges Tun, viel mehr Liebe zu dir und zu unserem Nächsten. Das sind unsere Neujahrswünsche, die nur du erfüllen kannst.

So sei in dieser Stunde noch einmal unter uns! Zeige uns noch einmal, daß du uns Allen und einem Jeden von uns nicht ferne, sondern nahe bist, unsere Bitten erhören willst und wirst: viel besser, als wir es dabei meinen und im Sinne haben. Und sei du an diesem Abend auch den vielen Anderen, die ohne dich auch nicht aus noch ein wissen, der treue Gott, der du der ganzen Welt warst, bist und sein wirst! Amen.

4 | Herr, unser lieber Gott! Dafür danken wir dir: daß du bleibst wie du bist und deine Jahre nehmen kein Ende – daß du es auch uns geben willst und gibst, zu bleiben – daß dein Wort bleibt, in welchem uns dein Herz aufgeht und zu unserem Herzen spricht. Schenke uns die Freiheit, uns, wo Alles vergeht, daran und nur daran zu halten! Und nun laß uns in dieser Freiheit heute die letzten Schritte im alten und morgen die ersten im neuen Jahr tun und dann alle weiteren hinein in die uns beschiedene, vielleicht noch lange, vielleicht nur noch kurze, künftige Zeit!

Und zu der gleichen Freiheit erwecke und erleuchte da

und dort immer neue Menschen – Alte und Junge, Hohe und Niedrige, Kluge und Törichte – damit auch sie Zeugen werden möchten von dem, was bleibt in Ewigkeit! Gib ein wenig, vielleicht aber auch einmal viel Morgenglanz der Ewigkeit hinein in die Gefängnisse in allen Ländern, in die Kliniken und Schulen, die Ratssäle und Redaktionsstuben, in alle die Orte, wo die Menschen leiden und wirken, reden und beschließen und so leicht vergessen, daß du im Regimente sitzest und daß sie dir verantwortlich sind. Und gib solchen Morgenglanz hinein auch in die Herzen und in das Leben unserer Angehörigen zu Hause und der vielen uns bekannten und unbekannten Armen, Verlassenen, Verwirrten, Hungernden, Kranken und Sterbenden! Versage ihn auch uns nicht, wenn einmal unsere Stunde schlagen wird!

Großer Gott, wir loben dich. Auf dich hoffen wir allein, laß uns nicht verloren sein! Amen.

# WECKE UNS AUF
# EPIPHANIAS

1| Herr unser Gott! Wir danken dir, daß wir in dieser Stunde beieinander sein dürfen – um dich anzurufen – um Alles, was uns bewegt, vor dich zu bringen – um gemeinsam die frohe Botschaft vom Heil der Welt zu hören – um dir die Ehre zu geben.

Komm du selbst jetzt zu uns! Wecke du uns auf! Gib du uns dein Licht! Sei du unser Lehrer und Tröster! Rede du selbst mit einem Jeden von uns so, daß ein Jeder gerade das höre, was er nötig hat und was ihm hilft!

Und so sei du auch an allen anderen Orten denen gnädig, die sich an diesem Morgen als deine Gemeinde versammeln! Erhalte sie und uns bei deinem Wort! Bewahre sie und uns vor Heuchelei, Irrtum, Langeweile und Zerstreuung! Gib ihnen und uns Erkenntnis und Hoffnung, ein klares Zeugnis und freudige Herzen – durch Jesus Christus, unseren Herrn! Amen.

2| Herr, unser Gott, lieber Vater! Also hast du die Welt geliebt, daß du deinen eingeborenen Sohn gesandt hast, auf daß alle, die an ihn glauben, nicht verlorengehen, sondern das ewige Leben haben. Nun schreibe du selber es in unsere Herzen und Sinne, nun erleuchte du selber unseren Verstand darüber, daß in seinem Tode der alte Mensch für uns alle gestorben, in seiner Auferstehung der neue für uns alle geboren ist. Lehre du uns glauben und im Glauben aus dem Tode in das Leben gehen. Du hast uns zuerst geliebt, so laß uns nicht in der Lieblosigkeit, in der Unentschiedenheit, in der Kälte!

Wir bitten dich, daß du deiner Gemeinde allenthalben

die Vollmacht gebest und erhaltest und erneuerst, deinen Namen, deinen Willen, dein Reich freudig und deutlich zu verkündigen. Wir bitten dich, daß du in der verstörten Menschheit unserer Zeit das freie Zeugnis vom Alten, das vergehen, und vom Neuen, das werden muß, lebendig und fruchtbar machst. Wir bitten dich für alle Regierenden, daß sie in der Verantwortlichkeit vor dir beraten, beschließen und handeln möchten. Wir bitten dich, daß du die Mission bei den Heiden, die Erziehung der Jugend, die Fürsorge für alle Bedrängten und Leidenden segnen wollest durch die Gegenwart und das Licht deines Geistes. Wir bitten dich um Trost und Hilfe für alle Kranken, Gefangenen, Verlassenen und Verwirrten. Wir bitten dich, eines jeden Einzelnen auch unter uns zu gedenken nach deiner ewigen Treue um Jesu Christi willen. Amen.

# PASSION

1│ Herr, Gott, unser Vater! Wir danken dir, daß wir dich hier miteinander anrufen und anhören dürfen. Vor dir sind wir alle gleich. Du kennst das Leben, die Gedanken, den Weg und das Herz eines Jeden von uns bis ins Kleinste und Verborgenste und vor deinen Augen gibt es keinen Gerechten, keinen einzigen. Du hast aber auch keinen einzigen von uns vergessen oder verworfen und verdammt. Du liebst vielmehr einen Jeden von uns, weißt, was er nötig hat, willst und wirst es ihm geben, siehst auf gar nichts als auf die leeren Hände, die wir dir entgegenstrecken, um sie zu füllen, nicht spärlich, sondern reichlich. Im Leiden und Sterben Jesu, deines lieben Sohnes, bist du ja, gnädig und hilfreich über alles Maß, an unser Aller Stelle getreten, hast unsre Finsternis und unsern Jammer auf dich genommen und uns frei gemacht, als deine Kinder ans Licht zu kommen und fröhlich zu werden.

In seinem Namen bitten wir dich jetzt, einem Jeden von uns etwas von deinem guten, heiligen Geist zu geben, damit wir in dieser Stunde dich und uns selbst und auch uns untereinander ein wenig besser verstehen und dadurch erquickt und ermutigt einen Schritt vorwärts kommen auf dem Weg, auf den du uns Alle, ob wir es merken oder nicht, gestellt hast: damals als Jesus am Kreuz sein Haupt neigte und verschied, und so von Ewigkeit her. Amen.

2│ Herr unser Gott! Wir preisen dich und danken dir, daß du dich aus unbegreiflicher Barmherzigkeit in deinem lieben Sohn so tief erniedrigen wolltest um unseretwillen, um uns in ihm so hoch zu erheben um deiner selbst willen. Wir preisen dich und danken dir für diesen gewaltigen Ratschluß über dein Volk Israel und über die Völker der Heiden, aus denen du unsere Väter berufen hast. Wir preisen dich und danken dir für dein ganzes gnädiges Erwählen und Berufen und dafür, daß du der Gott auch der Verworfenen und Unberufenen bist und nicht aufhörst, dich unser aller väterlich und aufrichtig anzunehmen. Laß uns nicht müde werden darin, dich in allen diesen Geheimnissen zu erkennen und anzubeten und so das Wort im Glauben zu ergreifen, durch das du deine Ehre groß machen und uns mit der ewigen Seligkeit Frieden und Freude geben willst, schon in diesem Leben. Wir bitten dich für deine Kirche hier und in allen Ländern: für die schlafende Kirche, daß sie aufwache – für die verfolgte Kirche, daß sie deiner Sache immer wieder froh und gewiß werde – für die bekennende Kirche, daß sie nicht sich selbst, sondern allein zu deinem Ruhm lebendig sei.

Wir bitten dich für alle Regierenden und Obrigkeiten in der ganzen Welt: für die guten, daß du sie erhaltest, für die bösen, daß du ihre Herzen umkehrest oder ihrer Gewalt ein Ende setzest nach deinem Wohlgefallen, für alle, daß du dich an ihnen erweisest als der, dessen Diener sie sind und bleiben müssen.

Wir bitten dich, daß aller Tyrannei und Unordnung gewehrt und allen unterdrückten Völkern und Personen zu ihrem Recht geholfen werde.

Wir bitten dich für die Armen, Kranken, Gefangenen, Hilflosen, Betrübten, für alle, welche leiden, was vielleicht nur du weißt: Daß du sie tröstest durch dich selber und die Hoffnung auf dein Reich! Amen.

# KARFREITAG

1| Herr unser Gott! Wir sind an diesem Tag versammelt, um dessen zu gedenken, wie du deinen guten, starken Willen mit der Welt und mit uns Allen ausgeführt hast, indem du unseren Herrn Jesus Christus, deinen lieben Sohn, in Gefangenschaft geraten ließest, damit wir frei würden, schuldig sprechen ließest, damit wir unschuldig würden, leiden ließest, damit wir Freude hätten, in den Tod gabst, damit wir ewig leben dürften.

Wir von uns aus könnten nur verlorengehen. Und wir haben solche Errettung nicht verdient, niemand von uns. Du hast dich aber in der unbegreiflichen Hoheit deines Erbarmens mit unserer Sünde und mit unserem Elend gemein gemacht, um so Großes an uns zu tun. Wie sollten wir dir anders danken als damit, daß wir dieses Große begreifen, ergreifen und gelten lassen? Wie soll das aber anders geschehen, als indem derselbe lebendige Heiland, der für uns gelitten hat, gekreuzigt wurde, gestorben und begraben, aber auch auferstanden ist, jetzt selbst in unsere Mitte tritt, zu unseren Herzen und Gewissen redet, uns für deine Liebe aufschließt, uns anleitet, uns ihr ganz anzuvertrauen, von ihr und nur von ihr zu leben.

Daß das in der Macht deines Heiligen Geistes geschehe, darum bitten wir dich: in aller Demut, aber auch in aller Zuversicht. Amen.

2| Herr unser Gott, barmherziger und allmächtiger Vater! Wie hast du die arge Welt so lieb, daß du mit deinem eigenen, lieben Sohn einen so wunderlichen Weg gehen wolltest zu ihrer, zu unser Aller Befreiung! So und nicht anders war es recht vor dir, und so und nicht anders soll es jetzt auch uns recht sein. Und wenn es nun so ist, daß wir nur durch ihn und in der Gemeinschaft mit ihm Freiheit finden und also nur durch die Tiefe in die Höhe, nur durch das Leid zur Freude, nur durch den Tod zum Leben kommen werden, so dürfen und wollen wir auch das annehmen als deine gute und heilsame Ordnung.

Hilf du, daß immer wieder Einige deinen Weg mit Jesus und mit uns erkennen und in deiner Ordnung ihren Frieden finden: in diesem Hause, überall, wo heute des Todes unseres Herrn gedacht, und auch da, wo seiner nicht oder nicht recht gedacht wird: in der ganzen Welt. Du hast Zugänge zu den Menschen, die wir nicht sehen und kennen und die dir doch weit offene Zugänge sind.

In dieser Gewißheit denken wir jetzt auch an die Kranken und Geisteskranken, an die Armen und Betrübten, an die Irrenden und Verwirrten jeder Art. In dieser Gewißheit bitten wir dich um den Geist der Weisheit für alle die, die in der Kirche oder im Staat in verantwortlichen Stellungen mitzureden, zu raten, zu beschließen, zu richten, zu befehlen haben: für die Arbeiter und ihre Herren, für die Lehrer und ihre Schüler, für die Leute, die Bücher und Zeitungen schreiben, und für ihre Leser. Sie Alle, wir Alle, haben es nötig, daß im Angesicht des Kreuzes unseres Herrn für uns gebetet wird und daß wir im Angesicht seines Kreuzes auch für einander beten! Und wie heilig und freundlich bist du, daß wir uns daran halten dürfen, daß jedes aufrichtige Gebet bei dir Erhörung findet.

Wir danken dir dafür, daß Jesus lebt und daß mit ihm auch wir leben dürfen. Und schließlich danken wir dir dafür, daß wir jetzt, dem zum Zeichen, miteinander das Abendmahl empfangen dürfen. Amen.

# DU BIST DAS LEBEN
OSTERN

1| Herr, unser Gott! Hier sind wir, um vor dir und miteinander Ostern zu feiern: den Tag, an dem du deinen lieben Sohn, unsern Herrn Jesus Christus, offenbart hast als den lebendigen Heiland, der alle unsere Sünden und mit ihnen unser ganzes menschliches Elend und den Tod dazu auf sich genommen, an unserer Stelle gebüßt und erlitten und ein für allemal überwunden und abgetan hat.

Wir wissen wohl, wie es um uns steht, und du weißt es noch viel besser. Aber da kommen wir und danken dir für die Freiheit, die wir haben, von uns weg und auf dich zu sehen, der du Solches für die Welt und auch für uns Alle getan hast.

Laß uns jetzt aufrichtig reden und hören – damit es dein wahres Wort sei, das uns in dieser Stunde regiert, bewegt und erfüllt – damit es uns Alle tröste, ermutige und ermahne – damit unser armes Lob auch dir gefallen dürfe!

Laß das unter uns geschehen, aber auch überall sonst in Stadt und Land, in der Nähe und in der Ferne: wo immer Menschen sich heute versammeln, um die Verheißung der Auferstehung und des Lebens zu vernehmen und zu ergreifen. Sieh dein Volk in Gnaden an! Amen.

2| Herr, Gott unser Vater durch Jesus Christus deinen Sohn in der Macht deines Heiligen Geistes!

Ach gib doch unseren Augen Licht, damit wir dein Licht, das hell leuchtende Licht der Versöhnung sehen mögen! Denn das ist die größte Plage, wenn bei Tage man das Licht nicht sehen kann. Befreie uns doch von dieser Plage: uns und alle die Christen, die heute recht oder schlecht Ostern feiern – das ganze noch immer und immer wieder neu so verwirrte und gefährdete Menschenvolk in der Nähe und in der Ferne!

Segne, was in unserer Kirche, aber auch in den anderen, jetzt noch von uns getrennten Kirchen und Gemeinschaften geschieht zur Bezeugung deines Namens, deines Reiches, deines Willens! Regiere aber auch alle redlichen Bemühungen der staatlichen Obrigkeiten, Verwaltungen und Gerichte hier und in aller Welt! Stärke die Lehrer im Gedenken ihrer hohen Aufgabe gegenüber der heranwachsenden Generation – die Leute, die die Zeitungen schreiben im Bewußtsein ihrer schweren Verantwortlichkeit für die von ihnen beeinflußte öffentliche Meinung – die Ärzte und Krankenschwestern in der treuen Aufmerksamkeit angesichts der Nöte der ihnen Anbefohlenen! Ersetze du mit deinem Trost, deinem Rat, deiner Hilfe, was wir Alle so vielen Einsamen, Armen, Kranken, Verirrten schuldig bleiben! Und so laß dein Erbarmen auch an Allen, die in diesem Hause sind, und an ihren Angehörigen offenbar und mächtig werden!

Wir legen uns und Alles, was uns fehlt und was die Welt nötig hat, in deine Hand. Wir hoffen auf dich. Wir vertrauen dir. Du hast dein Volk noch nie zuschanden werden lassen, wenn es dich ernstlich anrief. Was du angefangen hast, das wirst du auch vollenden. Amen.

3| Herr Gott, unser Vater! Du bist das Licht, in dem keine Finsternis ist – und nun hast du auch uns ein Licht angezündet, das nicht mehr erlöschen kann und das endlich und zuletzt alle Finsternis vertreiben wird. Du bist die Liebe ohne Kälte – und nun hast du auch uns geliebt und uns freigemacht, dich und auch uns untereinander zu lieben. Du bist das Leben, das des Todes spottet – und den Zugang zu solch ewigem Leben hast du auch uns eröffnet. In Jesus Christus, deinem Sohn, unserem Bruder, hast du das Alles getan.

Erlaube es uns nicht – erlaube es keinem von uns, dieser deiner Gabe und Offenbarung gegenüber stumpf und gleichgültig zu bleiben. Laß uns an diesem Ostermorgen wenigstens etwas von dem Reichtum deiner Güte wahrnehmen, hineingehen in unsere Herzen und Gewissen, uns erleuchten, aufrichten, trösten, mahnen!

Wir alle sind keine großen, sondern nur ganz kleine Christen. Aber deine Gnade genügt uns. Erwecke uns also zu der kleinen Freude und Dankbarkeit, deren wir fähig sind – zu dem zaghaften Glauben, den wir aufbringen mögen – zu dem unvollkommenen Gehorsam, den wir nicht verweigern können – und damit zu der Hoffnung auf das Große und Ganze und Vollkommene, das du uns Allen im Sterben unseres Herrn Jesus Christus zubereitet und in seiner Auferweckung von den Toten verheißen hast. Daß uns diese Stunde dazu diene, darum bitten wir dich. Amen.

4| Du einer, du unser einziger Gott, stark in deiner Güte, heilig und herrlich in all deinem Tun! Wir kommen noch einmal zu dir als solche, die dir nichts zu bieten haben als das Bekenntnis, daß wir von deinem großen freien Erbarmen leben möchten. Wir danken dir, daß du auch uns dazu einlädst und ermutigst, es darauf ankommen zu lassen. Du vergissest uns nicht – laß uns nur dich nicht vergessen! Du wirst nicht müde – laß nur uns nicht schläfrig werden! Du wählst und willst, was für einen Jeden von uns recht und heilsam ist – verwehre uns nur unser eigenmächtiges Wollen und Wählen!

Wir möchten hier aber auch die Anliegen, Fragen und Nöte der vielen Anderen bittend vor dich bringen. Gedenke du all derer, die in diesem Hause oder anderswo gefangen sind! Gedenke auch unserer Angehörigen in der Nähe und in der Ferne! Tröste und erquicke du alle an Leib und Seele Kranken, alle Bedürftigen und die besonders, die ohne menschliche Freunde und Helfer sind! Hilf du den Flüchtlingen und Vertriebenen und allen Unrecht Leidenden in aller Welt! Belehre du die, die zu lehren haben, und regiere du die, die zum Regieren bestimmt und berufen sind! Schaffe deinem Evangelium freudige und mutige Zeugen in allen Kirchen, auch in der katholischen, auch in den freien Gemeinschaften! Begleite und erleuchte die Missionare und die jungen Gemeinden, denen sie dienen möchten! Laß Alle, die auf dich hoffen, wirken, solange es für sie Tag ist, und gib gute Frucht auch allen ernsten Bemühungen derer, die dich nicht, noch nicht oder nicht recht kennen! Du erhörst die, die aufrichtigen Herzens sind. Mach auch uns aufrichtig, damit du auch uns erhören mögest!

Du warst Gott von Ewigkeit her, du bist es, du wirst es sein. Wir sind froh, daß wir auf dich bauen und vertrauen dürfen. Amen.

# ZU GLAUBEN, ZU LIEBEN UND ZU HOFFEN
# HIMMELFAHRT

1| Herr, unser Gott! Unser Vater durch deinen Sohn, der unser Bruder wurde!

Du rufst uns: Kehret wieder, Menschenkinder! Empor die Herzen! Suchet, was droben ist! So hast du uns auch an diesem Morgen zusammengerufen. Hier sind wir: ein Jeder mit seinem Leben, das nicht ihm, sondern dir gehört und ganz in deiner Hand ist – ein Jeder mit seinen kleinen und seinen großen Sünden, für die nur bei dir Vergebung ist – ein Jeder mit seinem Kummer, den nur du in Freude verwandeln kannst – aber auch ein Jeder mit seiner eigenen stillen Hoffnung: du möchtest dich doch auch als sein allmächtiger, guter und gnädiger Gott erweisen.

Wir wissen wohl, daß nur Eines dich freuen und dir Ehre machen kann: ein ernstliches Bitten um deinen Geist, ein ernstliches Suchen nach deiner Wahrheit, ein ernstliches Begehren nach deinem Beistand und deiner Leitung. Wir wissen aber, daß auch das nur dein Werk in uns sein kann. Herr, wecke du uns auf, so sind wir wach!

So gib denn, daß auch in dieser Stunde Alles recht geschehe: unser Beten und Singen, unser Reden und Hören, unsere Abendmahlsfeier. Gib das Allen, die heute den Tag der Himmelfahrt unseres Herrn Jesus Christus miteinander begehen wollen: auch den kranken Menschen in den Spitälern, auch den verwirrten Menschen, auch den vielen, vielen Menschen, die es vielleicht nur nicht wissen, daß in Wahrheit auch sie Gefangene, Kranke, Verwirrte sind – die vielleicht noch nie vernehmen durften, daß du ihr Trost, ihre Zuversicht, ihr Erretter bist. Laß ihnen und uns ein Licht aufgehen: durch Jesus Christus, unseren Herrn. Amen.

2| Herr, unser Gott, unser Vater in Jesus Christus deinem Sohn, unserem Bruder! Wir danken dir dafür, daß Alles so ist, wie wir es jetzt wieder zu sagen und zu hören versucht haben. Es tut uns leid, daß wir so oft blind und taub waren für das Licht deines Wortes. Und es tut uns leid um all das Verkehrte, was das in unserem Leben zur Folge hatte. Und weil wir wohl wissen, daß wir ohne dich immer wieder in die Irre gehen würden, bitten wir dich, daß du nicht aufhörest, uns durch deinen Heiligen Geist anzurühren, zu erwecken, uns aufmerksam, demütig und tapfer zu machen. Das bitten wir nicht nur ein Jeder für sich selbst, sondern ein Jeder auch für die Anderen, für Alle, die in diesem Hause sind, für alle Gefangenen in der Welt, auch für alle an Leib oder Seele Leidenden und Kranken, für alle Besitzlosen und Vertriebenen, auch für alle die, deren Betrübnis und Not uns verborgen, dir aber nicht verborgen sind. Wir bitten es auch für unsere Angehörigen, für alle Eltern, Lehrer und Kinder, für die Männer, die im Staat, in der Verwaltung, im Gericht ein Amt haben und verantwortlich sind, für die Prediger und Missionare deines Evangeliums.

Hilf ihnen und uns Allen, zu tragen, was zu tragen ist, aber auch das Rechte zu denken, zu sagen und zu tun und vor allem: zu glauben, zu lieben und zu hoffen in dem Vermögen, das du ihnen und uns dazu geben willst! Amen.

# GIB UNS DEINEN GEIST
# PFINGSTFEST

1| Herr, unser Gott! Wir treten vor dein Antlitz in Anbetung vor deiner Majestät, in Erkenntnis unserer Unwürdigkeit, mit Dank für alle deine gute Gabe, die du uns an Leib und Seele immer wieder zuwendest. Wir danken dir insbesondere für diesen Sonntag und Festtag, an dem wir dessen gedenken dürfen, daß dein lieber Sohn, unser Herr Jesus Christus, uns nach seinem Hingang zu dir nicht Waisen werden ließ, sondern uns im Heiligen Geist, dem Tröster und Lehrer, der uns lebendig macht, gegenwärtig sein und bleiben wollte, bis er selbst wiederkommt in seiner Herrlichkeit. Und nun hilf du, daß wir dich recht erkennen und recht preisen in dieser deiner Wohltat, daß dein Wort recht verkündigt und recht gehört werde an diesem Ort und überall, wo dein Volk dich anruft. Heilige und segne du auch die Feier des Abendmahls, die wir miteinander begehen wollen. Dein Licht leuchte uns! Dein Friede sei unter uns! Amen.

2| Lieber himmlischer Vater! Nun bitten wir dich, daß du uns Allen deinen Heiligen Geist gebest und immer wieder gebest, damit er uns erwecke, erleuchte, ermutige und fähig mache, den kleinen und doch so großen Schritt zu wagen: aus dem Trost, mit dem wir uns selbst trösten können, heraus und hinein in die Hoffnung auf dich. Kehre du uns selbst weg zu dir hin! Erlaube es uns nicht, uns vor dir zu verstecken! Laß es nicht zu, daß wir es ohne dich machen wollen! Zeige uns, wie herrlich du bist und wie herrlich es ist, dir vertrauen und gehorchen zu dürfen!

Wir bitten dich um dasselbe für alle Menschen: daß die Völker und ihre Regierungen sich deinem Wort beugen und damit für das Recht und den Frieden auf Erden willig werden möchten – daß dein Wort allen Armen, allen Kranken, allen Gefangenen, allen Betrübten, allen Unterdrückten, allen Ungläubigen, durch Rat und Tat recht bekanntgemacht und daß es von ihnen als Antwort auf ihr Seufzen und Schreien vernommen, verstanden und beherzigt werde – daß die Christenheit aller Kirchen und Konfessionen es ganz neu erkenne und ihm in neuer Treue dienen lerne – daß seine Wahrheit jetzt und hier schon hell werde und bleibe in all den menschlichen Irrungen und Wirrungen, bis sie endlich und zuletzt Alle und Alles erleuchten wird. Gelobt seist du, der du uns in Jesus Christus, deinem Sohn, frei machst, dies zu bekennen und dazu zu stehen: Wir hoffen auf dich! Amen.

# DEIN VOLK, DEINE GEMEINDE
# TRINITATIS

1│ Herr, du großer, heiliger und barmherziger Gott. Du hast die ganze Welt geschaffen, dir gehört sie, deinem guten Willen ist sie unterworfen. Und so sind alle Menschen, so sind auch wir, dein Eigentum, von dir dazu erwählt, dir Ehre zu machen, unsere Zeit und unsere Kräfte sinnvoll zu gebrauchen und als deine Kinder einträchtig beieinander zu sein. Um dessen zu gedenken, sind wir an diesem Sonntagmorgen hier zusammen gekommen. Wir wissen und bedenken: in uns allen ist viel Widerspruch und Widerstand, viel Stumpfheit, Meisterlosigkeit und Besserwisserei. Vergib uns, laß es uns nicht entgelten, wie wir es wohl verdienen würden. Brich du selbst hindurch durch alle die Mauern, die uns von dir und voneinander trennen.

Tu das auch in dieser Stunde. Gib, daß jetzt nichts Falsches gesagt und nichts falsch verstanden werde. Nimm auch unser armes Beten und Singen geduldig an. Wir machen gewiß schlecht genug, was deine Engel recht machen. Sei uns dennoch gegenwärtig und gnädig. Und tu das auch an allen andern Orten, wo dein Volk sich an diesem Sonntag versammelt. Darum bitten wir dich, indem wir dich im Namen unseres Herrn Jesus, deines lieben Sohnes, und mit seinen Worten anrufen: Unser Vater ... Amen.

2│ Herr, unser Gott! Lieber Vater! Das tut not und danach verlangt uns, dankbarer zu werden in allem, besser zu erkennen und freudiger zu gebrauchen, was du in deiner großen Liebe über uns beschlossen und für uns getan hast in deinem Sohn Jesus Christus. Hilf uns, daß wir alle Angst, aus der immer wieder alles Böse kommt, fahren lassen, weil dein Heiliger Geist dazu nein sagt, weil wir durch ihn frei sind, dich zu loben und uns untereinander ohne Arg liebzuhaben.

Und nun gedenken wir vor deinem Angesicht auch aller derer, die hier nicht unter uns sind, – aller Armen, Kranken, Gefangenen, der Angefochtenen jeder Art – der christlichen Gemeinden bei uns und besonders derer in der Ferne, die um ihres und unseres Glaubens willen leiden und streiten müssen, – unseres ganzen Volkes und seiner Regierung – aber auch der anderen, besonders der kriegführenden Völker und ihrer Obrigkeiten mit all der Verantwortung, die sie zu tragen haben, der Heiden, die auf dein Wort warten, und deines Volkes Israel; daß auch es seinen König erkenne.

Dein Heiliger Geist ist mächtiger als alle bösen Geister. In deinem Heiligen Geist ist jetzt schon alles das wohlbedacht und freundlich geordnet, dessen unheilvolle Verwirrung und Gebrechlichkeit uns heute das Herz schwer machen will. Amen.


3| Gott unser Vater und Herr! Hier sind wir vor deinem Angesicht versammelt, dein Volk, deine Gemeinde. Wir wissen wohl, daß wir ein Volk sind, das dir wenig Ehre macht, und eine Gemeinde, der du mit Recht vorhalten könntest, daß sie im Ganzen und in allen ihren Gliedern immer wieder von dir abgewichen ist. Aber du hast uns gerufen in deiner großen Barmherzigkeit, und so sind wir gekommen, zu dir zu beten, dir zu danken, dich zu preisen, so gut oder schlecht wir es vermögen. So sei du unter uns in dieser Stunde! Nimm du alles Falsche, Verkehrte und Gefährliche, alle Zerstreuung, alles Mißverständnis und alles Langweilige weg aus unserem Reden und Hören. Öffne du uns den Mund und die Ohren und erleuchte und erquicke uns so, daß wir keine müßigen Redner und Hörer, sondern in Jesus Christus, den du gesandt hast, Täter deines Wortes seien und so Menschen deines Wohlgefallens. Amen.

4| Herr unser Gott! Wir treten noch einmal vor dich mit der herzlichen Bitte, dich unser anzunehmen, uns also keine Ruhe zu gönnen, bis wir es annehmen, in dir zur Ruhe zu kommen – gegen uns und für uns zu streiten, bis dein Friede in unserem Herzen, in unseren Gedanken und Worten, in unserem Sein und Verkehr untereinander zur Geltung und zu seinem Rechte kommt. Ohne dich können wir gar nichts, mit dir und in deinem Dienst werden wir alles können.

Sei du in allen Räumen dieses Hauses gegenwärtig und tätig – so auch in dieser ganzen Stadt, unter allen ihren Bewohnern und heute besonders überall da, wo deine Gemeinde sich versammelt. Steh du allen Kranken und Sterbenden bei, allen Armen, Unterdrückten und in die Irre Gehenden – so auch denen, die uns und die anderen, die großen Völker regieren, ihre öffentliche Meinung machen und ihre Machtmittel in den Händen haben. Ach, daß doch von dir her viel Liebe dem vielen Haß, viel Vernunft der vielen Unvernunft, daß nicht nur ein paar Tropfen, sondern ein Strom von Recht dem vielen Unrecht entgegenträte und entgegenwirkte! Aber du weißt besser als wir, was mit uns und was in der Welt, letztlich bestimmt zu deiner Ehre, werden und geschehen soll. So befehlen wir alles in deine Hände. So wollen wir, jeder an seinem Ort und in seiner Art, zuversichtlich, still und klar auf dich hoffen. Amen.

5| Herr, unser Gott, du willst, daß die Menschen, und so heute auch wir in diesem Hause, dein tröstliches und mahnendes Wort hören, dich anrufen, dich loben. Es ist deine unverdiente Freundlichkeit, daß du es so haben willst. Denn was sind wir vor dir und für dich? Aber du hast uns gerufen und wir haben deinen Ruf gehört. Und da sind wir nun zusammengekommen: deine Geschöpfe in all der Schwachheit, Dunkelheit und Widerspenstigkeit, die in uns ist – deine Kinder, die du liebst, auch wenn wir dich kaum und sicher gar nicht recht lieben – deine Gemeinde, die hier wie überall in der Welt eine wunderliche Schar ist, in der du aber dennoch gegenwärtig sein, mit der du dennoch etwas anfangen willst.

Und nun warten wir, ganz und gar auf dich angewiesen, auf dich: auf deinen guten, heiligen Geist und seine Gaben. Mache du diese Stunde hell, dir wohlgefällig und für uns hilfreich und fruchtbar! Laß es von dir her geschehen, daß, was wir hier menschlich beten, reden, singen, Kraft und Wahrheit habe, aus unseren Herzen komme und uns wieder zu Herzen gehe! Sei du jetzt unser Meister, unser Lehrer, ein starker, gütiger Herr über Alles, was in dieser Stunde in einem Jeden von uns vorgehen mag!

Im Namen deines lieben Sohnes, in welchem du auch uns deine freie Gnade erwiesen hast und immer wieder offenbar machen willst, beten wir zu dir, wie er uns vorgebetet hat: Unser Vater ... Amen!

6| Lieber Vater in Jesus Christus, deinem Sohn, unserem Bruder und Herrn! Du hast uns hier zusammengeführt. Bleibe bei uns, geh mit einem Jeden von uns an seinen Ort, wenn wir nun wieder auseinandergehen! Laß

Keinen von uns los! Laß Keinen von uns versinken, sich ganz verlieren! Und vor allem: Laß es Keinem von uns durch, daß er dich vergesse, deiner nicht gedenke! Und so erleuchte, tröste, stärke du auch unsere Angehörigen in der Nähe und in der Ferne – unsere Freunde und so erst recht auch unsere Feinde!

Vor dich möchten wir aber auch die uns bekannten und unbekannten Sorgen, Bedürfnisse und Nöte aller Menschen bringen: die der christlichen Gemeinde hier und in allen Ländern – die der verantwortlichen Mitredenden, Beratenden, Regierenden und Entscheidenden im Osten und Westen – die der hier und dort Erniedrigten und Unterdrückten – die aller Armen, Kranken und Alten, aller Verkümmerten, aller Verzagten und Verwirrten – die der ganzen Welt, die sich nach Recht, Freiheit und Frieden sehnt. Laß Viele, Alle, und so auch uns erfahren, daß wir in der Hand deiner allmächtigen Gnade sind, die endlich und zuletzt allem Unrecht und Elend ein Ende setzen wird, um einen neuen Himmel und eine neue Erde zu schaffen, in der Gerechtigkeit wohnen wird!

Ehre sei dir, dem Vater und dem Sohn und dem Heiligen Geist: wie du warst im Anfang und bist und sein wirst, jetzt und in Ewigkeit! Amen.

# LASS ES TAG WERDEN

1| Heiliger und barmherziger Gott! Wie groß ist deine Güte, daß du uns auch diesen Tag erleben lässest und uns hier zusammenbringst, um dich anzurufen und dein tröstliches und mahnendes Wort zu hören.

Was sind wir Menschen vor dir? Wieviel Einbildung, Härte und Lüge ist in unseren Gedanken, Worten und Taten! Und darum hier und auf der ganzen Erde wieviel Verirrung und Verwirrung, wieviel Leid und Not!

Aber über dem Allen ist dein väterliches Herz offen für uns und bleibt deine Hand stark, uns zu halten, zu führen, zu befreien. Du vergissest und verstößest keinen von uns. Du bist uns Allen nahe. Du rufst nach uns Allen.

Laß uns das auch an diesem Sonntagmorgen merken! Sieh du selbst zum Rechten, daß, was wir hier tun mit Beten und Singen, Predigen und Hören, nicht umsonst geschehe, sondern dir zur Ehre und zu unser Aller Erweckung, Erleuchtung und Erhebung – um Jesu Christi willen. Amen.

2| Herr, unser Gott! Das ist deine unbegreifliche Herrlichkeit, daß wir dich so anrufen dürfen: Herr, *unser* Gott, *unser* Schöpfer, *unser* Vater, *unser* Heiland – daß du uns Alle kennst und liebst und von uns Allen wieder erkannt, geliebt sein willst – daß unser Aller Wege von dir gesehen und regiert sind – daß wir Alle von dir her kommen und zu dir gehen dürfen.

Und nun breiten wir Alles vor *dir* aus: unsere Sorgen, daß *du* für uns sorgest – unsere *Angst,* damit *du* sie stillest – unsere Hoffnungen und Wünsche, damit geschehe, was nicht unser, aber *dein* guter Wille ist – unsere Sünden, daß *du* sie vergebest – unsere Gedanken und Begierden, daß *du* sie reinigest – unser ganzes Leben in dieser Zeit, daß *du* es der Auferstehung alles Fleisches und dem ewigen Leben entgegenführest. Wir gedenken vor dir Aller, die in diesem Hause sind – auch aller gefangenen Menschen auf Erden. Sei du mit unseren Angehörigen zu Hause – mit allen Armen, Kranken, Bedrängten und Betrübten! Erleuchte du die Gedanken und regiere du die Taten derer, die in unserem Land und in allen Ländern für Recht und Ordnung und Frieden verantwortlich sind! Laß es Tag werden – durch Jesum Christum, unseren Herrn. Amen.

# DEIN GÜTIGES UND STRENGES WORT

1| Vater im Himmel! Du hast die Welt und uns Alle und jedes Einzelne von uns nicht allein gelassen. Du hast uns, da wir von dir abgefallen und verloren waren, gesucht und gefunden, indem du in deinem lieben Sohn Jesus Christus eine Versöhnung geschaffen, einen Weg uns eröffnet und eine Hoffnung uns gegeben hast. Und nun hast du uns diesen Sonntag geschenkt. Nun dürfen wir als seine Gemeinde beieinander sein, um miteinander dich anzurufen, miteinander dein Wort zu vernehmen, miteinander dich zu preisen. Sieh auch jetzt nicht unsere Sünde an, sondern deine Gnade. Gib uns deinen Geist, damit wir dir wohlgefallen. Laß uns von Herzen zu dir beten und laß dein Lob freudig aus unserm Munde kommen. Laß uns insbesondere bei dem, was jetzt geredet und gehört werden soll, aufrichtig sein, nichts hinwegnehmen von dem, was du uns sagen willst. Das alles durch Jesus Christus, unsern Herrn. Amen.

2| Gott, Vater, Sohn und heiliger Geist! Nun laß uns nicht auseinandergehen, ohne daß dein gütiges und strenges Wort uns begleite: einen Jeden an seinen Ort – hinein in seine besonderen Erfahrungen, Anliegen, Sorgen und Erwartungen – hinein in diesen ganzen Sonntag und in die vor uns liegende Woche! Sei und bleibe du gegenwärtig und wirksam in diesem Hause, bei Allen, die hier wohnen! Wehre du allen bösen Geistern, die uns oft zu stark sind! Erhalte du uns das Licht, das uns so oft wieder verlöschen will!

Wir bitten dich um dasselbe für Alle, die sich an diesem Tag hier und anderwärts in deinem Namen versammeln, und für die Welt, die ein mutiges, klares und fröhliches christliches Zeugnis so nötig hat. Deiner Treue befehlen wir besonders auch unsere Angehörigen an. Wir bitten dich um Weisheit für die Mächtigen dieser Erde, die da in deinem Auftrag für Recht und Frieden sorgen sollten – um Nüchternheit für die, die Tag für Tag unsere Zeitungen schreiben – um Liebe und Beständigkeit für alle Eltern und Lehrer – um heitere Verträglichkeit in allen Familien und Häusern – um offene, brüderliche Herzen und Hände für die Armen und Verlassenen – um Erleichterung und Geduld für die Kranken – um die Hoffnung des ewigen Lebens für die Sterbenden.

Und wir danken dir, daß wir das Alles vor dir ausbreiten dürfen: vor dir, der du ja viel besser weißt als wir, was wir brauchen und was deiner schwachen Kirche und der armen verwirrten Welt zum Besten dient – vor dir, der du helfen kannst und willst, weit hinaus über unser Bitten und Verstehen.

Wir sind in deiner Hand. Wir beugen uns unter dein Gericht und wir rühmen deine Gnade. Amen.

# IN UNSERER ARBEIT

1│ Lieber himmlischer Vater! Wir danken dir, daß es heute Sonntag ist. Du erlaubst es uns jetzt, von unserer Arbeit zu ruhen, damit du mit uns reden und erst recht an uns wirken könnest. Du hast uns hier versammelt durch dein lebendiges Wort, unsern Herrn Jesus Christus. So bleibe denn auch bei uns und ziehe uns im Geiste zu deinem Sohne, damit er uns in demselben Geist zu dir ziehe. Wir können uns nicht zu seiner Gemeinde erbauen, du allein kannst es tun. Dazu heilige, erleuchte und segne unser menschliches Tun, unser Beten und Singen, unser Reden und Hören. Dazu regiere jetzt du in unserer Mitte. Amen.

2│ Herr, unser Gott! Du hast uns verheißen und angewiesen, daß wir fröhlich sein dürfen in unserer Arbeit, weil du alles wohl gemacht hast, weil du uns alle unsere Sünden vergibst, weil du uns an dem Tage aller Tage krönen willst mit Gnade und Barmherzigkeit. So laß uns leben von diesem deinem Wort! Wir haben keinen anderen Trost. Dein Wort aber ist unser ewiger Trost. Lehre du uns, daß wir uns immer mehr an ihm allein genügen lassen!

Wir bitten dich, daß du bei deiner Kirche bleiben wollest, hier und an allen Orten. Wir bitten dich insbesondere für die Kirche, die in der Versuchung, in der Verfolgung und in der Unterdrückung steht, und für dein bedrängtes Volk Israel in aller Welt.

Wir bitten dich für die Obrigkeit unseres Landes und dieser Stadt und für alle Obrigkeiten in der Welt, daß du ihnen kluge, geduldige und tapfere Gedanken gebest, damit Recht und Friede, Freiheit und Treue wiederkehren möchten.

Wir bitten dich für unsere Universität, für alle ihre Lehrer und Schüler. Dich fürchten ist der Weisheit Anfang. Nimm das Licht nicht hinweg, das du hier einst anzünden wolltest und nun so lange erhalten hast, nicht durch unser Verdienst, sondern durch deine Barmherzigkeit.

Wir bitten dich für alle, die es schwer haben im Kampfe ums tägliche Brot. Wir bitten dich für unsere Jugend, für alle Kranken und Sterbenden, für alle Verirrten und Gefangenen, für alle Besorgten und Traurigen.

Nimm dein Volk in Gnaden an, hilf uns, segne, Herr, dein Erbe!

Wir danken dir, daß wir mit dem allem vor dich treten und dessen gewiß sein dürfen, daß du uns schon erhört hast. Amen.

# UNTERWEISE UNS

1| Herr, unser Gott! Du hast uns in deinem Sohn, unserem Herrn Jesus Christus, zu deinen Kindern gemacht. Und nun haben wir deinen Ruf gehört und sind hier zusammengekommen, um dich gemeinsam zu loben, dein Wort zu hören, dich anzurufen und was uns bedrückt und was wir bedürfen, in deine Hände zu legen. Sei du selbst jetzt mitten unter uns und unterweise uns – damit Alles, was ängstlich und verzagt, auch Alles, was eitel und trotzig ist, auch unser ganzer Unglaube und Aberglaube klein werde, damit du uns zeigen kannst, wie groß und gut du bist, damit unsere Herzen auch zueinander aufgehen hin und her, so daß wir einander verstehen und uns dann auch ein wenig helfen können, damit dies eine Stunde des Lichtes werde, in welchem wir den Himmel offen sehen und dann auch ein wenig Helligkeit auf dieser dunklen Erde.

Das Alte ist ja vergangen und Alles ist ja neu geworden. Das ist wahr und auch für uns wahr: so gewiß du in Jesus Christus auch unser Aller Heiland bist. Aber das kannst nur du selbst uns recht sagen und zeigen. So sage und zeige es uns denn – uns und allen, die an diesem Sonntagmorgen mit uns beten. Sie beten auch für uns. Und so tun wir es auch für sie. Erhöre sie und uns! Amen.

2| Herr unser Gott! Du siehst und hörst uns. Du kennst uns, einen Jeden und eine Jede besser als wir uns selber kennen. Du liebst uns, die wir das wahrhaftig nicht verdient haben. Du hast uns geholfen und hilfst uns noch und immer wieder, wo wir doch immer wieder im Begriff sind, Alles zu verderben, indem wir uns selber helfen möchten. Du bist der Richter, aber auch der Heiland des ganzen armen, verwirrten Menschenvolkes. Dafür danken wir dir. Dafür preisen wir dich. Und wir freuen uns darauf, an deinem großen Tag schauen zu dürfen, was wir, wenn du uns dazu frei machst, jetzt schon glauben dürfen.

Mach uns frei dazu! Gib du uns den rechten, aufrichtigen, tätigen Glauben an dich, an deine Wahrheit! Gib ihn vielen, gib ihn allen Menschen! Gib ihn den Völkern und allen Regierungen, den Reichen und den Armen, den Gesunden und den Kranken, den Gefangenen und denen, die sich für frei halten, den Alten und den jungen, den Fröhlichen und den Traurigen, den Schwermütigen und den Leichtsinnigen! Da ist Keiner, der es nicht nötig hätte, zu glauben, und Keiner, dem es nicht verheißen wäre, daß auch er glauben dürfe. Sag es den Menschen, sag es auch uns, daß du ihr und unser gnädiger Gott und Vater bist! Das bitten wir dich im Namen unsres Herrn Jesus Christus. Amen.

# WEIL DU ES BIST

1| Herr unser Gott! Hier findest du uns versammelt, um dein Wort zu reden und zu hören, dich anzurufen, dich zu preisen, dich zu bitten um das, was uns und der ganzen Welt allein gut und heilsam ist.

Aber wie soll das recht geschehen? Du weißt ja, was für Leute wir Alle sind, und wir wissen es auch, können es jedenfalls vor dir nicht verleugnen: unsere harten Herzen, unsere unreinen Gedanken, unser ungeordnetes Begehren und Alles, was daraus gekommen ist und noch kommt – unsere Irrtümer und Übertretungen – soviel Worte und Taten, die dir nicht gefallen und mit denen wir auch den Frieden auf Erden nur stören und zerstören können. Wer sind wir, daß wir in dieser Stunde dir zu dienen und uns untereinander wirklich zu helfen vermöchten?

Es geht nicht ohne dein eigenes Reden und Wirken in unserer Mitte. Wir halten uns ganz allein an die Verheißung deiner Gnade und Barmherzigkeit: daß Jesus Christus, dein lieber Sohn, gekommen ist, uns Armen frohe Botschaft zu bringen, uns Gefangenen Befreiung zu verkündigen und uns Blinden das Augenlicht – uns Sünder zu erretten. Aber an diese Verheißung halten wir uns auch in dieser Stunde. Du kannst, was wir nicht können. Du willst es auch. Wir glauben und vertrauen: Du wirst es auch tun – nicht weil wir gut und stark wären, aber weil du es bist. Amen.

2| Lieber himmlischer Vater! Wir danken dir. Und nun laß es geschehen und gelten in unseren Herzen und in unserem Reden und Tun, daß wir dich loben, dir recht geben Tag für Tag: so auch an diesem Tag und in der Macht deines Heiligen Geistes auch morgen und übermorgen! Ertrage und trage uns fernerhin: einen Jeden, eine Jede von uns. Wir Alle haben es nötig, Jeder und Jede auf besondere Weise. Sei und bleibe du für uns, für alle, die in diesem Hause sind, und auch für unsere Angehörigen in der Nähe und in der Ferne der Gott, der unsere Hilfe ist!

Sei und bleibe du aber auch Derselbe über und in dem so verwirrenden und verwirrten, bedrückenden und bedrückten menschlichen Tun und Geschehen unserer Tage! Sage und zeige Allen, daß sie dir nicht verloren sind, daß sie dir aber auch nicht davonlaufen können! Erweise dich überall als der Herr der Frommen und der Gottlosen, der Klugen und der Törichten, der Gesunden und der Kranken – als der Herr auch unserer armen Kirche, der evangelischen und katholischen und aller anderen – als der Herr der guten und der schlechten Regierungen, der ernährten und der unterernährten Völker – als der Herr besonders auch der Leute, die heute so viel Gutes und weniger Gutes meinen reden und schreiben zu müssen – als unser Aller Schutzherr, dem wir uns anbefehlen dürfen, aber auch als unser Aller Gerichtsherr, dem wir am Jüngsten Tage und heute schon verantwortlich sind.

Großer, heiliger und barmherziger Gott, wir sehnen uns nach deiner letzten Offenbarung, in der es vor aller Augen klar werden wird, daß die ganze geschaffene Welt und ihre Geschichte, daß alle Menschen und ihre Lebensgeschichten in deiner gütigen und strengen Hand waren, sind und sein werden. Wir danken dir auch dafür, daß wir uns auf diese Offenbarung freuen dürfen. Das Alles im Namen Jesu Christi, in welchem du uns Menschen von Ewigkeit her geliebt, erwählt und berufen hast. Amen.

# ABENDS

1| Lieber Vater im Himmel! Wir danken dir, daß du uns erlaubt und geboten hast, uns in dieser Stunde zu versammeln, um dich anzubeten, dein Wort zu verkündigen, zu hören und zu Herzen zu nehmen.

Aber wir sind nicht die Leute, das so zu tun, daß es dir gefallen kann und für uns selbst heilsam ist. So bitten wir dich herzlich und demütig: Sei du unter uns und nimm deine Sache auch hier in deine eigene Hand! Reinige du unser Reden und Hören! Öffne und erleuchte du unsere Herzen und unsern Verstand! Erwecke und kräftige du unsern Willen, dich zu erkennen und unsere Bereitschaft, dir recht zu geben! Laß du uns Atem schöpfen in der frischen Luft deines Geistes, damit wir morgen in neuer Bescheidenheit, Liebe und Freude an unsere Arbeit zurückkehren dürfen!

Deiner Gegenwart und Leitung empfehlen wir aber mit uns selbst auch alle die andern Menschen in unserer Umgebung, in dieser Stadt, in unserem Lande, überall. Du hast Mittel und Wege, mit ihnen allen zu reden, sie alle zu trösten und zu mahnen. Laß sie und uns nicht allein, damit es heiter werde, wo es jetzt dunkel ist – daß Friede werde, wo jetzt gestritten wird – Mut und Zuversicht erwachse, wo jetzt Sorge und Angst herrschen! Erhöre uns – nicht weil wir es verdient hätten, aber um Jesu Christi willen, in welchem du uns in deiner unbegreiflichen Gnade von Ewigkeit her gewürdigt hast, deine Kinder zu sein! Amen.

2| Herr, unser Hirte! Wir danken dir für dein ewig neues, wahres und kräftiges Wort. Es tut uns leid, daß wir es so oft nicht hören oder in unserem Stumpfsinn oder Mutwillen verkehrt hören. Wir bitten dich, es uns – und uns in ihm – zu erhalten. Wir leben von deinem Wort. Wir hätten ohne sein Licht keinen Boden unter den Füßen. Wir sind darauf angewiesen, daß du wieder und wieder mit uns redest. Wir vertrauen darauf, daß du das tun willst und wirst, wie du es bisher getan hast.

In der Zuversicht auf dich dürfen wir uns jetzt zur Ruhe begeben und morgen unser Tagwerk neu aufnehmen. In der Zuversicht auf dich denken wir aber auch an alle die Menschen in diesem Quartier, in dieser Stadt, in unserem Land und in allen Ländern. Du bist auch ihr Gott. Säume nicht und höre nicht auf, dich auch ihnen als ihr Gott zu erweisen – vor allem den Armen, den Kranken und Geisteskranken, den Gefangenen, den Betrübten und Verirrten, dazu allen, die im Staat, in der Wirtschaft, in der Schule, im Gericht besondere Verantwortungen im Dienst der Gemeinschaft zu tragen haben – dazu den Pfarrern dieser Gemeinde und aller Gemeinden hier und anderwärts.

Herr, erbarme dich unser! Du hast es reichlich getan. Wie sollten wir zweifeln? Du wirst es reichlich wieder tun. Amen.

# AN EINEM GRABE

1| Herr unser Gott! Du gibst uns Menschen das Leben und dann nimmst du es wieder, verbirgst es für eine Weile im Geheimnis des Todes, um es dereinst erneut und gereinigt ans Licht zu bringen als unser ewiges Leben.

Sieh uns an und höre uns, die wir jetzt versammelt sind, weil unser Bruder und Freund von uns gegangen ist. Nimm du unser Erschrecken und unsere Trauer auf in deinen Frieden! Nimm alle unsere Gedanken über den Dahingegangenen und über uns selbst hinein in die Erkenntnis deines guten Willens mit ihm und uns! Lehre uns bedenken, daß auch wir sterben müssen, und laß uns bis dahin dankbar da sein in der Hoffnung, die nicht zuschanden wird. Das Alles bitten wir dich im Namen Jesu Christi, unseres Herrn. Amen.

2| Mit deinem Urteil, o allmächtiger Gott, stehen und fallen wir. Gib, daß wir unsere Schwachheit und Ohnmacht recht erkennen, und laß uns immerdar bedenken, daß du unsere Kraft und Stärke bist. Hilf uns, daß wir alles Vertrauen auf uns selbst und auf die Güter dieser Welt fahren lassen. Lehre uns bei dir Zuflucht suchen und unser gegenwärtiges Leben und unser ewiges Heil getrost in deine Hände legen, damit wir immerdar dein Eigentum sind und dir die Ehre geben. Hilf, daß wir lernen, in dir allein zu ruhen und von deinem Wohlgefallen zu leben. Du bist der Anfänger und Vollender unseres Heils; darum gib, o Gott, daß wir uns mit Furcht und Zittern dir unterwerfen und deiner Berufung folgen. Verleihe, daß wir dich stets anrufen und alle unsere Sorge auf dich werfen, bis wir endlich allen Gefahren entronnen sind und zu der ewigen Freude kommen, die uns erworben ist durch das Leiden, Sterben und Auferstehen deines eingeborenen Sohnes. Amen. *(Nach Calvin)*

# BEI DIR IST DIE FÜLLE

1 | Herr, unser Gott! Weil wir jetzt auf dein Geheiß und im Namen deines lieben Sohnes dich anrufen und dein Wort hören wollen, so gib uns, daß das nicht ohne dich, sondern in deiner heiligen Gegenwart, in der Macht deines Geistes und zu deinem Ruhme geschehe! Wir wissen und bekennen, daß in uns nichts Gutes wohnt. Wir halten uns aber daran, daß bei dir die Fülle ist. Wir bitten dich, daß du den Gehorsam in uns erweckest, der uns zu brauchbaren Verkündern und Hörern deines Wortes macht: daß von seiner Stärke, Tiefe und Klarheit nichts verlorengehe durch unsere Schuld. Wir bitten dich um dasselbe für alle Gemeinden, die in dieser Stunde und an diesem Tage hier und anderwärts zu demselben Werk versammelt sind. Wir preisen dich, daß wir als dein Volk dich erkennen, dich in Demut loben dürfen, bis einst alle Kreatur vor dir offenbar werden und das neue Lied in Freuden vor dir singen wird. Amen.

2 | Herr, unser Gott in Jesus Christus, deinem Sohne! Du hast dich erniedrigt, um uns unbegreiflich zu erhöhen. Du wurdest arm, um uns reich zu machen. Du hast gelitten und bist gestorben und hast uns eben damit Freiheit und Leben gegeben. Und das – solche ewige Barmherzigkeit und Güte – ist deine Macht und Majestät als unser Schöpfer und Herr, ist die Herrlichkeit, in der wir dich loben und in deren Licht wir, in den Tagen, die du uns noch geben willst, leben dürfen. Dafür danken wir dir.

Und indem wir dir danken, kommen wir erst recht zu dir, um alles das vor dir auszubreiten, was nach unserem

Verständnis schwer und ungelöst und hilfsbedürftig vor unseren Augen ist. Wir bitten dich: Gedenke du und erbarme du dich in deiner Gnade jetzt und in Ewigkeit unser aller, die ohne dich nichts tun können.

Erbarme dich deiner Kirche auf Erden in ihrer Zerstreuung und Zertrennung, in ihren Schwachheiten und Irrtümern!

Erbarme dich deines Volkes Israel in seiner Blindheit für das Heil, das doch zuerst gerade zu ihm gekommen und von ihm ausgegangen ist!

Erbarme dich der alten und der neuen, der fernen und der nahen Heiden, der Gottlosen und der Götzendiener, denen dein Name noch nicht oder noch nicht recht geleuchtet hat!

Erbarme dich der Regierungen und der Völker dieser Erde, ihres ratlosen Suchens nach Friede und Gerechtigkeit, auch all der Verworrenheit in unseren menschlichen Bemühungen um Wissenschaft, Bildung und Unterricht, auch all der Schwierigkeiten in so viel Ehen und Familien!

Erbarme dich der Unzähligen, die heute hungern und darben, der vielen Verfolgten und Heimatlosen, der Kranken an Leib und Seele hier und anderwärts, der Einsamen, der Gefangenen und aller anderen von Menschen Gestraften!

Erbarme dich unser aller in der Stunde der Anfechtung und des Todes! Herr, gerade weil wir glauben und wissen, daß du überwunden hast und daß mit dir auch wir schon überwunden haben, rufen wir dich an: Zeig doch nur die ersten Stufen der erkämpften Freiheitsbahn! Amen.

KARL BARTH
Einführung in die evangelische Theologie
4. Aufl. 1987. 224 S. kart.
Euro 10,00 (D)/10,30 (A)/sFr 17,00
ISBN 3-290-11563-1

KARL BARTH
Die protestantische Theologie
im 19. Jahrhundert
Ihre Vorgeschichte und
ihre Geschichte.
6. Aufl. 1994. V, 611 S. kart.
Euro 31,00 (D)/31,90 (A)/sFr 54,50
ISBN 3-290-11493-7

CARL ZUCKMAYER/KARL BARTH
Späte Freundschaft in Briefen
Vorw. v. Stoevesandt, Hinrich.
11. Aufl. 1999. 95 S. Hardcover
Euro 12,50 (D)/12,90 (A)/sFr 25,00
ISBN 3-290-11386-8

KARL BARTH
Kirchliche Dogmatik Studienausgabe
Komplettausgabe Bände 1–30 und Registerband.
1993. 31 Bände in Kassette
Euro 347,50 (D)/357,30 (A)/sFr 580,00
ISBN 3-290-11634-4

Jeder der 31 Bände ist auch als Einzelband in allen
Buchhandlungen erhältlich.

# T V Z
Theologischer Verlag Zürich
Badenerstrasse 73
CH – 8026 Zürich
Tel. 044 299 33 55 Fax 044 299 33 58
tvz@ref.ch